新★神話

かなだ　よしろう

Parade Books

はじめに

▼『神と人間の関係』を正しく伝えなさい！　と

この本は**天から与えられた「啓示」**に導かれて書かれました。

五年前、私が八十三歳の夏、心臓の手術を受けている最中に脳梗塞を併発し、重篤となって集中治療室に入っていた夜、夢か幻のようにこの「啓示」を受けたのです。それは、

「あなたの命を伸ばしてあげるから、**現代の知識と智慧でもって『神と人間との関係』を正しく世の人たちに伝えなさい！**」

という命令でした。これは言葉と文字で示され、今でもはっきりと覚えています。

そのときは「ヘンな夢を見たものだ！」と思いながらも、その方面の知識も関心も全くなかった私は、どうせいつも見るようなカラ夢なのだろう――と放っておくつもりでした。

しかし「**啓示**」の力というのは不思議でした。抵抗できないほどの圧力で私の意識をとらえ、夜も昼も力を強め、背を押しまくってゆるめてくれなかったのです。

すでに八十歳代という老齢の上に、術後の心臓と脳梗塞の後遺症で弱っている身体の、杖をついてやっと歩いている私を急き立てて図書館へ日参させ、書架の中から役立つ資料を探させ、パソコンのキーをたたき、使い慣れない言葉を並べて、生まれて初めて向かい合う新しい言説の文章を打ち出させるのでした。

あのころ、「なぜこんなに急かされるんだろう？」と不審に感じていましたが、今にして思えば、

あれは誰も予測できなかった世界的大事件――「コロナという自然界から人間界への警告の大災厄」、

そして「ロシアのウクライナ侵攻というおぞましい人間の業《ごう》の露呈」――が起こる直前でした。

きっとそれを指して「よく見ていなさい、そして悟《さと》りなさい！」という伏線だったのでは――と思い当たります。

しかし、こんな手探り、日暮しの作業に酷使されながら、今にも杜絶えるか？　と思われた自分の体力や気力が五年の間、一度も途切れることなく保持されたのは不思議でした。本当に不思議な力が与えられていました。

途中で気が付いたことがあります。

「**啓示**」の中の「**現代の知識と智慧でもって――**」の「**現代の知識**」とは「数知れぬ学識の先生方が今日まで積み重ね、体系化された膨大な知識の集積」でしょうが、「**智慧**」の方は、それを足場にしながら、それを飛び越えた、**ひらめき、直感**によるものだろう！　と。思考も記述も行き詰って、カラッポになった頭のなかに突然なんの脈絡もなしにポカンと現れてくるヒントは、あの日以来の「啓示」の力に違いない！　と思うようになりました。パソコンを通して打ち出した言説の多くはこちらに類するもの――と信じています。

以来五年、助けられて「**新★神話**」としてまとめましたが、あの「啓示」への答えとしては、まだまだ不十分だと思います。そして世の中には**他にも同じような啓示を受けられている方、あるいはこれから受けられる方がおられるはず**です。その方々がその啓示に従い、勇気をもって声を上げ、文字を起こして、それに答えられるように期待いたします。

かなだ　よしろう

二〇二二年春

目次

一　まだ時間も動いていない「無」の世界

これは昔むかし大昔の物語でもあり、
現在ただ今の、すぐそばにある現実の話でもあります。
大切なことは昔も今も変わってはいないのです。
ですからそれを学んで知ることは、大きな力を得ることになります。

まず、大昔の宇宙の物語から始まります。

今から百三十七億年前まで、この世界にはなにもありませんでした。

時間はまだ動かず、空間も広がっていず、光も闇もなく、音もなく、形あるものといえば塵《ちり》ほどの微小なものもまだ現れていませんでした。ただ静寂だけが支配している、全き「無」の世界でした。

しかしまもなく始まる「宇宙誕生」の壮大なドラマの計画はすでにでき上がっていて、準備をととのえ、息をひそめてその時を待っていました。

その計画を実行する意思と力は万物万象を創造されるお方にありました。「万物万象」とは全ての生物や物質、全ての現象――風とか雨とか昼とか夜とか――のことです。

そのお方をここでは「**創造主《そうぞうぬし》なる大神《おおかみ》**」〈**主《ぬし》なる大神《おおかみ》**〉〈**大神《おおかみ》**〉とお呼びします。

二　万物万象を創造されるお方とは？

その〈**創造主なる大神**〉とお呼びするお方は、実は古来、仏教徒の人々が「阿弥陀如来《あみだにょらい》」とも「大日如来《だいにちにょらい》」とも敬ってきたお方のようです。

また神道ではそのお方が「天御中主大神《あめのみなかぬしのおおかみ》」とも「天照大御神《あまてらすおおみかみ》」や「八百万《やおよろず》の神々」とも崇《あが》められてきたお方であると思います。

またキリスト教徒の人たちからは「イエスキリストの在天《ざいてん》の御父《おんちち》」との信仰をささげられてきた存在そのものであられるようです。

ときには、少し離れたところから、このお方を「完璧《かんぺき》な設計者としての存在」とか、「超越者《ちょうえつしゃ》」とか「サムシング・グレイト（偉大なる誰か）」とか呼ぶ人たちもいます。

三　そこが宇宙です――光よ！　熱よ！

さて、「無の世界」に、百三十七億年前のその時が来て、〈**創造主なる大神**〉が命じられました。

「**時間よ、起きて働き始めなさい。空間よ、立ち上がって広がりなさい**」

すると大音響がとどろき、時間が動き始め、空間が広がりました。

〈**主なる大神**〉がつづけて命じられました。

「**そこが宇宙です。光と熱よ、そこに姿を現しなさい。そして互いに交わって熱く燃え、多くの星々を産み出しなさい。その星々は相集《あいつど》うてそれぞれに「銀河」を創りなさい。それらの「銀河」はさらに群れて宇宙に広がりなさい**」

そのお言葉どおりに宇宙誕生の作業は進み、長い長い時間が始まりました。

光よ！熱よ！
熱く交わって働き、
星々を生み出しなさい。
それが宇宙です！

四　星の数は世界の砂浜の砂粒の合計数？

数千億個もの大小の星々が生まれ、群れ集って**銀河**を造りました。そしてそんな**銀河**が、さらに**数千億組**にも増えて広い宇宙を埋めつくしました。

地上から星空を見ると「濃紺の夜空に大小の星が散らばってキラキラ輝いている」ように見えますが、実際はそうではありません。

月も雲もない夜に、広い海の真ん中で船の明かりを全部消すと、そこは自分の鼻先も見えない真の闇になって、頭の上に「本当の星空」が現れます。

それは空いっぱいにまるで砂を敷き詰めたように大小の星が隙間もなくびっちりと覆《おお》って輝いているのです。その光景は驚きと感動そのものです。

その星の数を「世界中の砂浜の砂粒の合計数――」と言った先生がいましたが、それは「数えきれない」という意味でしょう。その星たちが互いに地球と月ほどの間隔をあけて並んでいるとしたら、宇宙全体の広さは一体どれくらいでしょうか？

また精巧な天体望遠鏡で、地球から一番遠くに見える星までの距離を測ると、光速――一秒間／三〇万キロメートル――で飛んで行っても片道百三十二億年かかり、しかもそこもまだ宇宙の終点ではなく、まだ先がある――というのです。

これを創られた〈**主なる大神**〉のお力を思わずにはおられません！

五　「太陽と地球」の関係にご慈愛の表れ！

宇宙が開けて九十億年ばかり過ぎたころ、〈**主なる大神**〉はある計画を実行されました。ある銀河の隅に「**太陽**」という五千八百度の高熱で燃えている星を創られ、次にそこから一億五千万キロ離れた所に「**地球**」という星を創られました。地球は太陽から光と熱のエネルギーをもらって生きている惑星《わくせい》で、私たち生物の住む世界になりました。

この太陽と地球の関係こそ〈**創造主なる大神**〉のご慈愛の表れです。

この太陽と地球の距離がもう少し近かったら、太陽の熱で地球の水がすべて蒸発し、温度は百度を超えて生物は住めない焦熱の世界になりますし、また距離がもう少し離れていれば地上は零度《れいど》以下の極寒の地となり、人間など高等生物は生存できません。

また、地球は厚い大気圏に包まれて宇宙から降り注ぐ有害な紫外線を防ぎます。また地表は生まれてくる赤外線を保ち、柔らかな光と豊富な水と酸素に恵まれ、生物に優しい世界になって、宇宙の「**奇跡の星**」と言われているのです。

ペガスス座
はくちょう座

六　地球上に男女の人間の誕生！

地球が生まれてから様々な人類や動植物が現れては消える時代が四十六億年近く続き——今から二十万年前に私たち今日的人間（ホモ・サピエンス）が地球上に誕生しました。

天からの啓示が描くその人間誕生のドラマは次のとおりです。

〈**創造主なる大神**〉は、まず地上を潤《うるお》している水に映った美しく優しい影を引き上げて肉体を与え、これを女性の祖先とされました。

次に天空に溢《あふ》れている光に映る強く逞しい影を地上に降ろして肉体を与え、これを男性の祖先とされました。

そして、そのどちらの肉体にも「ハート形の心（こころ）」を抱かせました。このようにしてそれぞれの氏族の先祖が創られました。

七　人間を〈大神〉の分身に！　そして三つのお約束！

それから〈創造主なる大神〉は言われました。

「私が地上に作った世界は未完成です。それであなた方人間を「私の分身」として地上に送り、その世界の完成のために働いてもらうことにします」

そしてご自身の体から星の形を切り取って『分身のしるし』とし、『三つの約束』とともにこれを与えて言われました。

「第一に、この星形はあなた方が『宇宙の生命』の持ち主であるしるしです。あなた方は宇宙にある限り、また、その権利を捨てない限り、肉体は滅びても生命が滅びることはありません。あなた方の人生はこの宇宙で幾度でも復活するのです。

第二にあなた方はこの星形を「魂（たましい）」と名付けるでしょう。それを「ハート形の心」と一対《いっつい》にして「人間精神」とし、「〝日々の暮らしと人生〟の道しるべ」にしなさい。そうして「星形の魂」が働くときは私との間に回路が開き、互いの意思が通じ合うことを覚えていなさい。

第三に、地上の世界を完成させるのに役立つ特別な力――「言葉と文字」を使う能力をあなた方人間にだけに与えます」――と。

八　神秘の力を秘めた「細胞」！

さて、男女として創られたその二人に〈**創造主なる大神**〉は「**性の歓《よろこ》び**」**を伴《ともな》う**「**愛**」を与えられました。「**愛**」はいろいろな種類があり、この「**性の歓びを伴う愛**」は愛の中でもっとも強く長く人間を動かす力を発揮します。

そこで〈**主なる大神**〉は男性にケシの実より小さな「**細胞**《さいぼう》」を渡して言われました。

「**これは二人の愛によって、これから子孫の繁栄の種子となって活かされるものです。この小さな細胞の中には私の「無数の智恵と力」が造り込まれ、封じ込められている宝の種です。大切に育てなさい**」

この「**細胞**」は〇・〇二ミリという微小なものですが、〈**主なる大神**〉の言われた通り無限ともいえる智恵と力が創り込まれています。

針の先より小さな細胞内に約三千二百億字の記号で書き込んだ**遺伝子**《いでんし》も抱かれていて、人生を左右する各人の「個性」も刻まれています。またこの細胞が一人の人間へと成長していく計画書と設計図も書き込まれています。

九　自分で考え、分裂し、育っていくたくましさ！

男性から女性の母胎に移された細胞は、自分の力で細胞分裂をしては新しい細胞を創り増えていきます。そして、増える細胞の中に同じ内容の遺伝子情報を書き写しながらどんどん増加し、細胞が二兆個になったころに赤ちゃんとして母胎を離れて育ち、やがて細胞六十兆個という一人前の人間の体に成長します。

さらに自己分裂をして増えていく細胞たちは、自分のなかに書き込まれた設計図通りの場所で、決められた役割を果たせるように育っていくのです。

つまり、ある細胞は目や耳の場所で視覚や聴覚になっていきます。

ある細胞は手や足などの場所で筋肉や骨格になります。

またある細胞は体の内部で心臓をはじめいろいろな内臓になります。

そしてある細胞は、もっとも大切な『脳神経』になるのです。

これらの成長作業を、各自の細胞はすべて自分で判断して進めていくのです。それはまさに神秘としか言いようがありません。

そしてこの精巧な仕組みが地球上の八十億人の人間すべてに共通して働いており、しかもこれが親から子へ子から孫へと自動的に伝えられて二十万年後の今も正しく働いているという事実にただ驚くばかりです。

十　自家発電まで持っている『脳神経』！

一番大切なのは人間の働きを指図する『脳神経』の器官で、体重の二パーセント程の重さの小さな弁当箱ぐらいで、頭のてっぺんに収まっていますが、狭いその中に約一千億個のニューロンという脳神経がびっしりと詰まり、さらに脳神経一個あたりに一万本ずつの細い根のような回路（シナプス）がついていて、それが複雑にからみ合いつながっています。その近くには自家発電の装置があって、そこで起こす電流が脳神経と回路をたどって、情報を抱えながらロケットより早いスピードで駆け回って働くという信じられないほどの精密な仕組みになっているのです。

たとえば、人間が目で見た形や姿、耳で聞いた音や声――つまり外部からの情報を電流に乗せて脳神経と回路の間をビュンビュン駆け回りながら、考えたり、記憶したり、判断したりして、それに対する態度を決め、それぞれの器官に指図するわけです。たとえば笑って答えるとか、怒って反対するとかの態度などです……。

声
響 形 姿 響
色 声 形
姿 形 色 音 声
声 形 姿 響
姿 色
音 色 響 音

じっと考える
行動を起こす
声に出して話す
文字で表現する

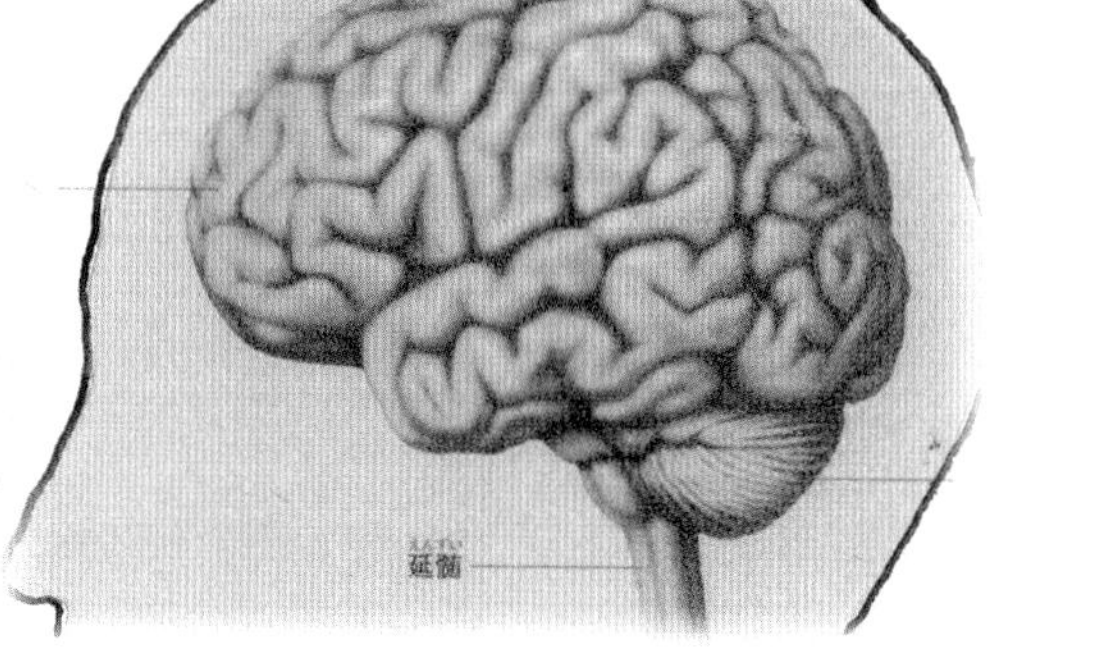

延髄

十一　人生の道しるべ……心プラス魂＝「人間精神」

〈主なる大神〉から頂いた「**ハート形の心**」と「**星形の魂**」が組になり、「**人間精神**」という「〝日々の暮らしと人生〟の道しるべ」になるのですが、役割が少し違います。

「ハート形の心」は、普段の出来事への対応や日常的な喜怒哀楽を受け持って働きます。たとえば、「今日は友達とどこへ行って何をしようか？」といった程度の問題を考えるのは「ハート形の心」の働きです。

もっと重くて深い問題――たとえば「○○さんからプロポーズされた」などのように非日常的で熟慮を要する――といった問題に出会ったときには「星形の魂」が思案の場になるのです。とくに「価値をはかる」とか「正邪善悪を決める」といった大事な場合などはそうです。そしてこの時は**〈主なる大神〉**と人間の魂の間の回路が開いて、まるで電話で話し合っているように、意思が通い合う状態となって、**〈主なる大神〉**からのご指示やご助言や励ましや時にはお叱りなどが回路を通って与えられ、「人間としての生きる道しるべ」となっているのです。

今までも私たちが魂を働かせて何かの意思決定したときに「自分の良心に従って……」と言っているのは実は無意識で**〈主なる大神〉**のお声に従っていたのです。

十二　全生物で人間だけに与えられた「言語脳」！

〈創造主なる大神〉の分身として給わったお約束の第三番目、「地上の世界を完成させる仕事に役立つ力」といわれたのが「言葉と文字」です。

左耳の上あたりの大脳の内部に四個のブドウの実ぐらいの「言語脳」が配置してあり、これが「言葉」と「文字」、それを「統合」させて働く大切な所です。ここが故障すると人間は意識ははっきりとしていても、自分の思っていることを人に話すことも、人の話していることを理解することもできなくなります。それは人間にとって過酷なほど厳しい状態になってしまうのです。

人間がこの世界で暮らし始めたころ、「○○へ行ったら、こんなに大きな獲物が獲れたよ」などと知らせ合い、教え合ってムラからマチ、クニへと生活共同体が造られたのです。「言葉と文字」なしでは文明社会は生まれません。人間は毎日この「言語脳」で新しい言葉や文字を作り使ってきました。二十万年かけて日本人なら現在四十万語という言葉を使っています。始めは簡単な会話から、今では難しい科学や複雑な歴史、政治、経済、文学にまで広がり、「言葉と文字」は文明社会の土台です。その根源である「言語脳」が地球上の生物の中で人間だけに与えられた能力なのは、我々人間が「大神の分身」であることを証明するものです。

出現 選別 遭遇 表現 遭遇 遊離 文明 計画
文化 分離 遊離 空間 統合 自然 啓示 実践
空理 統合 統合 空理 遭遇 出現 考察 発見 遊離 蓄積 創造 求道 部分 永久 自然
表現 表現 文化 空理 遊離 出現 知恵 信仰 着想 存在 出現 経験 啓示 存在
信仰 空理 出現 革新 使命 表現 将来 部分 実践 選別 世界 使命 待機 天地 知恵 出現 将来
遊離 分離 慈愛 表現 天地 経験 文明 創造
発見 慈愛 存在 遭遇 着想 考察 求道 慈愛
分離 自然 統合
待機 文明 着想 発見
選別 啓示 体得 計画 文化 信仰
経験 空間 使命 実践 使命 考察
天地 出現 永久
真理 求道 世界
使命 自然 創造
将来 存在 着想 蓄積
分離 部分 着想 永久 将 考察 見 信仰
遊離 選別 創造 存在 証 革新
空理 慈愛 世界 使命 空理
表現 真理 発見 天地 求道 啓示 知恵
統合 天地 遭遇 使命 真理 経験
経験 計画 経験 統合
永久 選別 使命 体得
出現 実践 永久 分離 出現 将 実践 出現
使命 分離 啓示 選別 計画 自然 考察 自然
世界 着想 世界 文明 使命
存在 文化 空間 創造 慈愛
求道 使命 真理 天地 創造 考察 使命 来 創造 天地 待機
慈愛 真理 来 求道 計画 空間
待機 世界 慈愛 存在
啓示 選別 待機
実践

十三 「物質文明・共同体文明・精神文明の三重層」の社会を！

〈**主なる大神**〉が私たち人間に託された「**地上に完成させたい仕事**」とは自然界の上に、「**三重層の文明社会**」を建設することです。

その**第一層**は、農耕を始めあらゆるモノ作りや物品の売り買いを発展させ、科学や技術を積み重ねて、衣食住生活を豊かにする「**物質文明**」です。

その**第二層**はムラ・マチ・クニでの「共同生活のための政治」を起こして、治山・治水、治安、医療、交通・伝統保存などに取り組み、平和で、安全で、便利よく暮らせるための「**共同体文明**」です。

その**第三層**は人間の知識教育・徳育教育をはじめ、宗教の布教、哲学・思想などの諸学問、芸術、文芸、芸能、体育や娯楽など、人間の心の正しさや美しさ、暮らしの楽しさなどを育てる「**精神文明**」です。

自然界の上に、この「**三重層の文明社会**」を創ることこそ〈**主なる大神**〉が計画された地上世界の完成図で、人間に託された建設事業なのです。

個々の人間の生きる目的は自分の遺伝子に刻まれた個性に導かれ、**三重層文明**のどこかに自分に適した場所を探し当てて根を下ろし、そこに役立って働くことなのです。

自然界の上に三重層の文明社会

精神文明

人間としての心の正しさや豊かさ、暮らしの楽しさを求めて……

（教育）

共同体文明

イエ・ムラ・クニの共同体で安全さや便利さを求める……

（土木建築）

物質文明

衣・食・住の豊かさを求め労働、技術、生産、売買を発展させる……

（農耕）

自然界

二百万種類もの生物―動物と植物があふれている

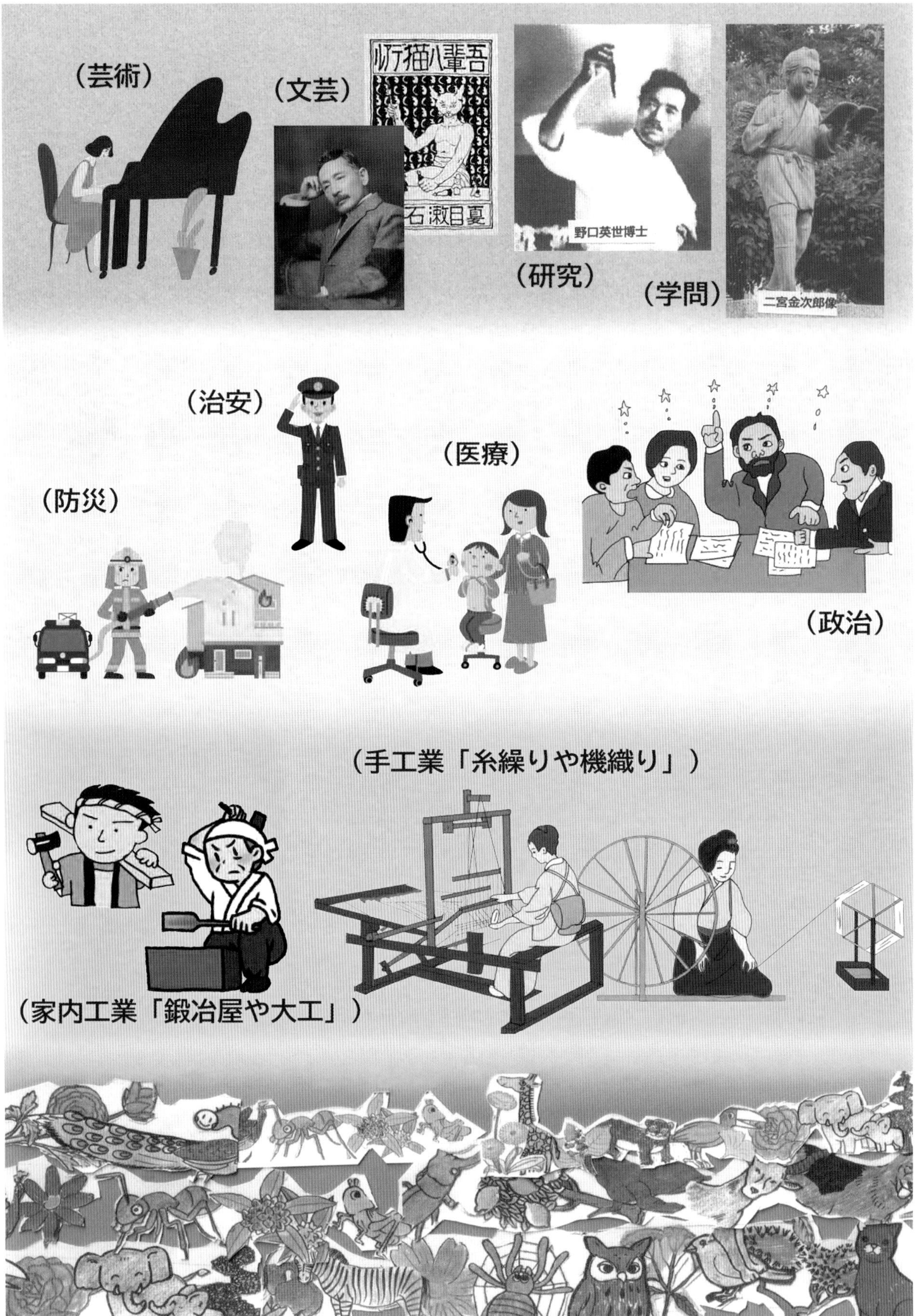
（芸術）
（文芸）
吾輩ハ猫デアル
夏目漱石
野口英世博士
（研究）
（学問）
二宮金次郎像
（治安）
（医療）
（防災）
（政治）
（手工業「糸繰りや機織り」）
（家内工業「鍛冶屋や大工」）

（娯楽）
（宗教）
（美術）
（芸能）

（郵政）
（交通）
（伝統―しきたり）

（漁業）
（販売・流通）
（大規模生産）

十四　〈主なる大神〉の御業《みわざ》に陰と陽、そして慈愛のこころ

〈創造主なる大神〉がお持ちの大権《たいけん》は宇宙の万物万象の全てを創造するという御業《みわざ》です。その対象は世に存在するもの全てであり、あれ良しこれ悪しの区別はありません。ですから「人間に都合の良いもの悪いもの」が陰陽ない混ぜて現れるのは止むを得ないのです。

過ぎゆく日々には暖かな小春日和も、氷雪とざす過酷な冬の日もあります。緑あふれる森には可愛い小鳥や子うさぎと共に、恐ろしいマムシもムカデもいる――というわけです。それは甘んじて受け入れなければなりません。

しかし、この「陰と陽」の御業のなかに、一筋、命ある者たちへの「**慈愛の心**」が貫かれていることを知らねばなりません。

成長すれば恐ろしい虎やライオンや熊などの猛獣でも、彼らが生まれて間もない幼獣の時――つまり**自分一人では無事に生きることもできない――という間**は、だれが見ても抱き取り守ってやりたくなるほどに愛らしい姿形によそおって登場してきます。これも、それぞれの遺伝子に――幼い間は愛らしい顔や姿でいる――という仕組みが組み込まれているのです。

十五　病気やケガのとき駆けつける抗体たち！

人間はもとより、あらゆる生物も同様です。体の中の精密で複雑なシステムが込み合っている中にも、決しておろそかにされずにこの慈愛のご配慮の仕組みがきちんと組み込まれているのです。

たとえば、もし体のどこかが外部からの悪いバイ菌の侵入を受けて病気になったり、怪我をして故障したりすると、その周囲の細胞たちから血管を通して、タンパク質とか白血球とかもっとも適した対抗物質がどっと駆け付け、侵入しているバイ菌と戦ったり、傷を癒したりという救援や回復への働きを起こすのです。

そのバイ菌と戦って倒れた支援の対抗物質が、敵のバイ菌の死骸とともに膿《うみ》になって流れ出るという姿は、まさに〈**主なる大神**〉のお慈愛の心そのものであり、こういった仕組みが全ての生物の身体のいたるところに無数に造り込まれているのです。

多くの私たちは、こんな仕組みを知らないままに、これは「生まれついて持っている自然の治癒《ちゆ》力《りょく》だ」などと、当然視してきましたが――。

十六　科学者の努力が〈主なる大神〉の御業を明らかに！

このように一つ一つの目的に沿って精巧無比に創られた〈**主なる大神**〉の御業の仕組みの数々を、今日では本を読んだり、話を聞いたりするだけで私たちが知り得るのは長年にわたる科学者の方々の努力のおかげなのです。

四百年前に「地動説」を打ち立てたガリレオをはじめ、「万有引力」のニュートン、「一般相対性理論」のアインシュタイン――と数えきれない多くの科学者たちが〈**大神**〉が創造された自然の仕組みを解明し、それを人間の生活に役立ててきました。

一七〇〇年代、天然痘《てんねんとう》という恐ろしい病気が流行していました。これは全身が膿腫で覆われて見るも恐ろしく、多くは死に至るという疫病でした。英国のジェンナー博士はわが子を実験台にして種痘ワクチンを発明し人類を救ったのでした。日本では野口英世博士の話があります。博士は東北の貧しい農家に生まれながら苦学を重ねて医博となり、世界の細菌学に貢献し、アフリカで黄熱病の研究に取り組みつつ自らその病気に侵されて亡くなるという最期を遂げた偉人です。こういった多くの科学者の功績の蓄積が〈**創造主なる大神**〉の偉大なる御業《みわざ》を明らかに証明する今日を造ったのでした。

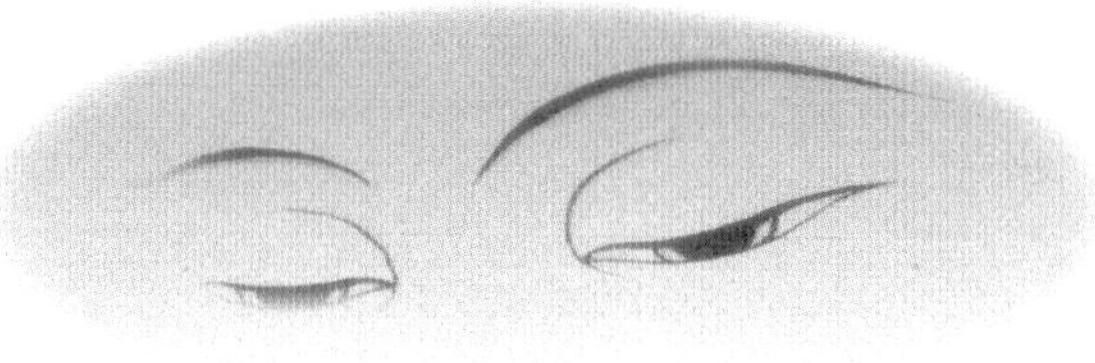

ニュートン
「万有引力」1642英

ガリレオ
「地動説」1610伊

アインシュタイン
「相対性理論」1922米

エドワード・ジェンナー
「天然痘ワクチン種痘発明」1798・英

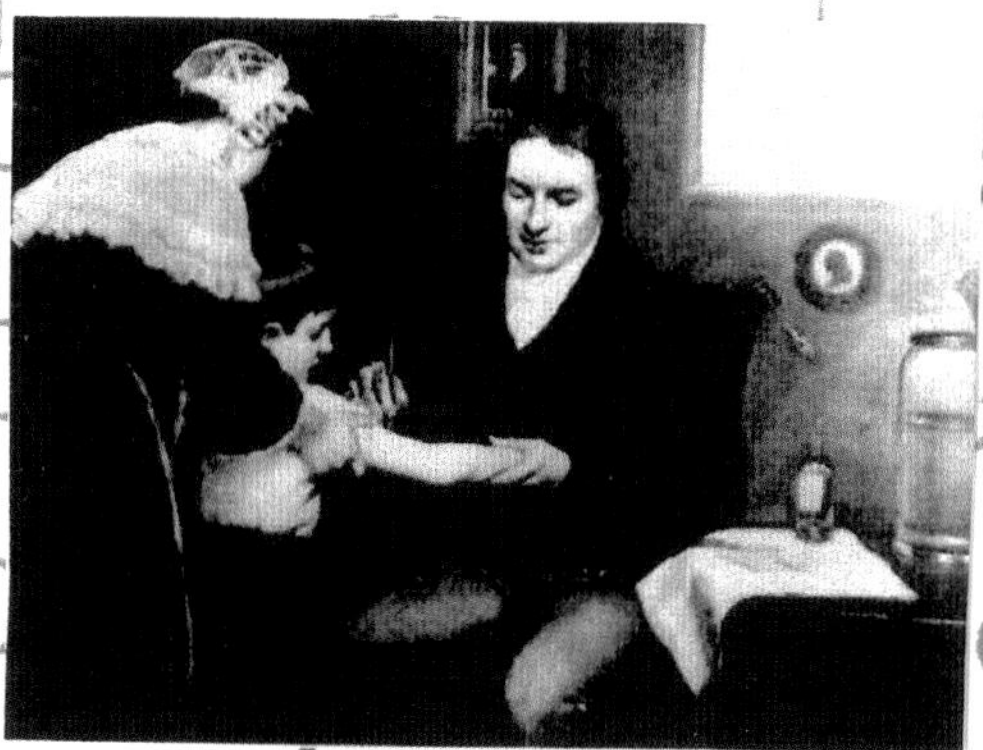

野口英世博士
「細菌医学に世界的貢献。アフリカで黄熱病研究中に罹病、病没」1876年

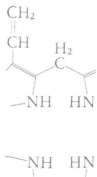

十七　前の人生と次の人生の「均衡システム」

〈**主なる大神**〉の世界は「**均衡バランスの法則**」が絶対です。高い山は長い時間をかけても必ず低くなり、深い河はいつかは必ず川底が上がって浅くなり、自然の世界は常に均衡のバランスをとります。歴史をみれば、人間も文明もこの法則から逃れられません。

〈**主なる大神**〉の分身である人間はお約束通り「肉体の死」から「生命の復活」へ進みますが、そのときに「これまでの人生を検証」して、それを「これからの人生で調整する手続き」が「**均衡バランスのシステム**」なのです。

三重層の複雑な文明社会で生きた各自の人生は、必ずしも幸不幸が平等に得られるわけではありません。

前の人生で善行を積んできた人、悪行を重ねた人とさまざまです。幸運に恵まれて幸せだった人も、運悪く事故や災害に遭遇した不幸な最期だった人もあるでしょう。よき伴侶にめぐり会えず本人には何の責任もない事情で、あたたかな家庭生活を体験できなかった一生もあります。

〈**主なる大神**〉のお手元にはそういった各人の過去の人生記録が完全に備わっており、その均衡を計りバランスをとる人生計量秤《はかり》のシステムも用意されています。

十八　『肉体の死――生命の復活』の奥義！

現代人の多くが「人間は肉体生命の寿命が終われば人間の全てが消滅し無になってしまう」と思い込んでいますが、これは誤りです。

私たち人間は星形の「宇宙の生命」を頂いた〈**主なる大神**〉の分身ですから「肉体の死」のあと、ただちに「生命の復活」の扱いを受けます。〈**主なる大神**〉のお約束には「宇宙にいる限り復活をくりかえす……」とあります。

人間が世に出るときに与えられた肉体は、定めてある歳月を生きると細胞の新陳代謝は止まり、老衰し、力を失って生存を終えます。

終えるとき「人間精神」の中の「ハート形の心」は肉体に属しているので肉体と一緒に終末を迎え、消滅します。

しかし「星形の魂」は〈**主なる大神**〉に属しているので生命とともに肉体から解放され、〈**主なる大神**〉への回路を通って御許《みもと》へ送られるのです。そうして「慈愛の均衡バランス」を経てから、次なる「新しい人生」へ送り出されるのです。さて、次にはどんな人生に送り出されるか？は〈**創造主なる大神**〉のお決めになることであって、あなたが格別のお慈愛にあずかれるには生前から、「星形の魂」を通じて、心を込めてお願いをする課題でしょう。これが復活の奥義です。

十九　黒い月の『罪と罰』の世界へ……

人は、人間として生まれただけでわけへだてなく〈**創造主なる大神**〉**の分身**としての身分を頂き、**死後の復活を約束**され、とくに生物の中で唯一**言語を使える能力**を与えられ、それを使って地上に三**重層の文明社会建設**という大任を任されました。そして各自は、自分の**遺伝子**に刻まれた**個性**に見合う場所を見つけて生き、その勤めを果たしているというのが**人間界の姿**です。

しかしなかには盲欲に引きずられ、せっかく頂いた「**星形の魂**」を捨て、人生の**道しるべである**「**人間精紳**」を失って暴走する脱落者が少なくありません。わけても罪なき弱い隣人の命を奪う狂者、他の人権を奪って虐げる亡者などは決して許されません。その犠牲になる罪なき人たちは〈**主なる大神**〉の慈愛を受けて生きる一人一人だからです。その彼らの命を奪い害を加えた背信者たちは、〈**主なる大神**〉の烈しい怒りを受け、復活の恵みを取り去られたあと、肉体の死後は容赦なく『罪と罰』の国に運ばれ、黒い月の夜の世界、永久に夜明けの来ない世界で罪を償うという境遇におかれるのです。

二十　〈主なる大神〉様へ！　もう一度来てください！

「〈**主なる大神**〉様！　私たち人間は貴方の**分身**とされ、地上に**豊かで平和な文明社会**を築く仕事を与えられ、各々の時代を懸命に努力しました。しかしその結果は？

　飽食の人々の向こう側に未だ**八億人もの飢餓生活**の人々が**いる**世界――。楽しげな遊園地の立ち並ぶ国の彼方に今日も**戦争で人々が殺され**、八千万人もの**難民テント村**がある現実も――。また人権を奪われた奴隷身分の人々が苦しめられている事実も――。華やかな宇宙旅行の陰では海も空も**汚染**が止められず、世界の良心の府だったはずの『**国連**』は全く無力になり果てています。

〈**大神**〉様、これが人間の限界なのです！　どうかお力をお貸しください！　大砲を撃て！　爆弾を落とせ！　と命じている**戦争指導者**を捕らえて、『**罪と罰**』の世界にお連れください。人々の人権を奪い奴隷として支配する**専制指導者**も同様です！　そして私たちには「**恵まれない人々**にもう少し多くのものを分け合う優しさ」を持つように作り変えてください。

　そしてすべての人間に、『**決して犯してはならぬ悪**』と『**必ずしなければならぬ勤め**』とを、それぞれの魂にもう一度深く刻み込んでください――**合掌！**」

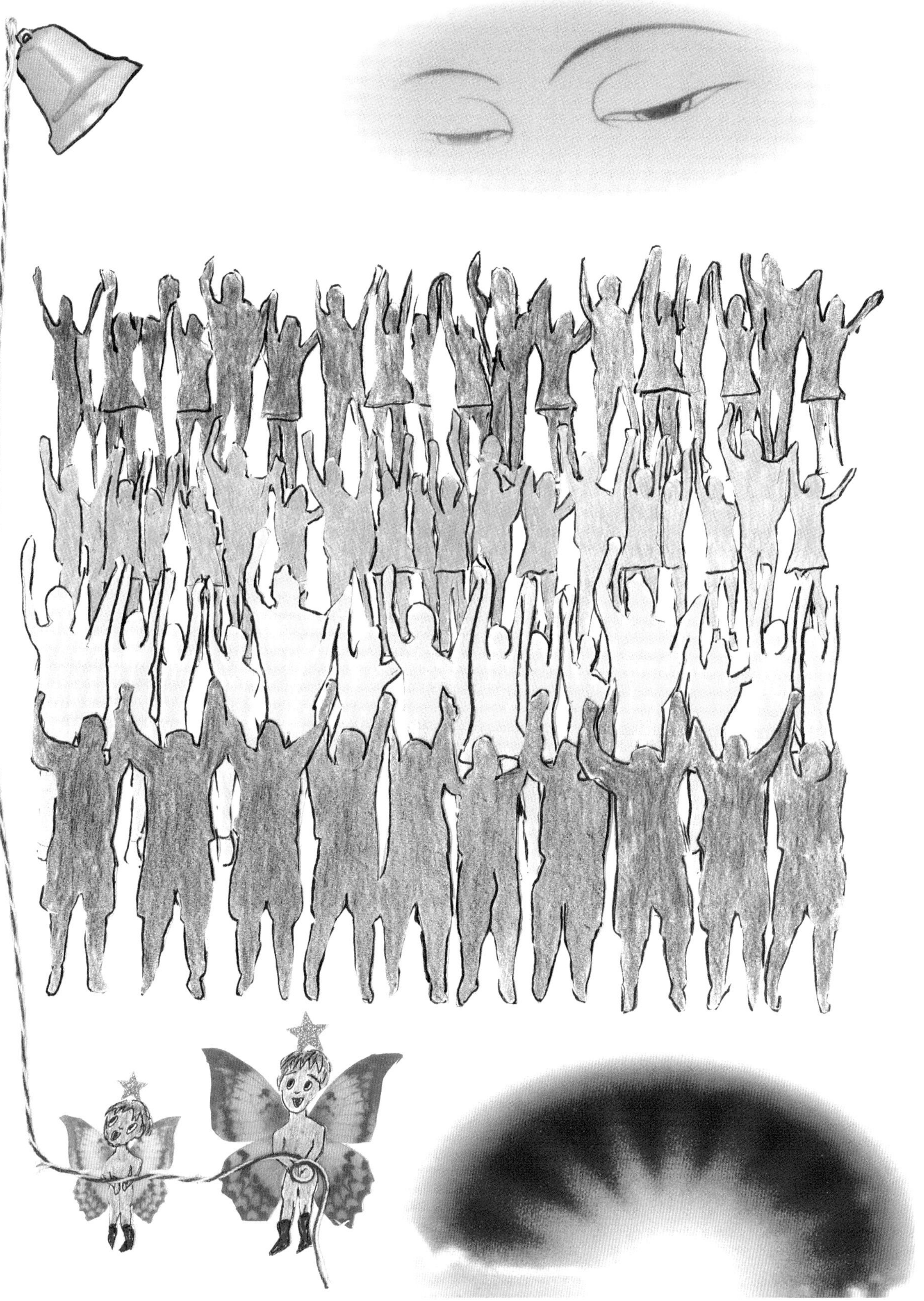

あとがき

▼この本の絵ページを描き直してくださるイラストの先生に著作権を差し上げます。

本文の原稿をある人が見て「解説が小難しいから、挿絵を入れたほうがいいのでは?」と。私も同感だったので「そうだ! 絵物語にしよう!」と、二十二ページ分を絵にすることにして、それから一年間、イラストの書き手探しに費やしました。原稿を持って絵画クラブや高校、大学の絵画サークルを訪ねたり、新聞広告や出版社に相談したり……。何人かには実際にテスト絵を描いてもらったりしましたが、結局は徒労でした。その中の一人が、

「このストーリーを読んで、これに合致した絵を、しかもあなたの気に入るような出来上がりの絵を二十二ページそろえて描ける人なんて、いないんじゃぁないですか?」

「そんならどうしたらいいんでしょうか?」

「あなたが自分で描くより仕方ないんじゃあないですかねぇ……」

この私は「へのへのもへじ」以上を描いたこともない絵オンチ? です。

今までの私なら、ここで投げ出すところですが、

「そんなら自分でやるより仕方がないなぁ!」

〝八十六歳の手習い〟を覚悟して岡山で一番古い絵画教室を訪ね、ご指導をお願いしました。快くご協力いただけることになり入学。早速スケッチから始めました。

それから夏の日から冬の日へとカンバスに向かう日が続き、新しい絵の具や絵筆や手本や道具、参

考画集や手引書の類は惜しげもなく増えました。しかし、人様に見てもらえるような作品は結局一枚も描けませんでした。そんな一年が過ぎて分かったことは、「私には絵を描くなんてことは絶対出来ないんだ！」という悲惨な結論でした。

落胆している私に先生が最後、

「トレーシングというやり方がありますが、やってみますか？」

これは他の人の作品をモデルにして写したり、アレンジしたりする画法です。

ワラをもすがる思いでいた私は、それからの毎日、ひたすらこのトレーシングに打ち込みました。いろんな印刷物の絵のなかから思うような絵を探し出し、描き写したり、アレンジしたり……それがいつかコラージュという画法になっていたとか。何とか本文を引き立てるのに役立つような絵ページを……と汗を流しました。

二年が過ぎ、明けても暮れても机の周囲に失敗作が散らばる毎日を見かねた妻が、

「一生懸命にやったことがわかってもらえたら、いいんじゃありませんか！」

それで私の手が止まり、出来上がったのがこの作品です。

「啓示」に導かれながら書いた本文の言説とくらべ、絵ページがはなはだ稚拙なのは十分に承知ですが他に方法がなかったのです。次版は外国語（英中）での翻訳出版を希望しています。**そのためにこの絵ページを書き直してくださるイラストレーターの方がいらっしゃれば、喜んで著作権を差し上げます。**

著者

■ 各絵ページの画像について

7ページ　**ファイストスの円盤文字**（1700年前、クレタ島）と**マヤの暦**
提供・グラフィックス社 1972年刊『**古代文字**』より

21ページ　『**接吻**』ロダン（1888年 フランス）をモデルに模写

39ページ　「**野口英世博士**」福島 猪苗代湖・野口英世記念館より提供

45ページ　『**ヴォルガの舟曳き**』イリヤ・レーピン（1873年 ロシヤ）をモデルに模写

表紙絵　**野々宮ゆみこ氏**（大阪府堺市）の作品

金田義朗《かなだよしろう》のプロフィール

1934年（昭和9年）兵庫県但馬の寒村に生まれる。青年期に繊維工場で働いていた縁で繊維産業労働運動に参加。やがてその全国組織であった全繊同盟《ぜんせんどうめい》（現在のUAゼンセン）の本部書記局に移り、生涯、その教育活動に従事した。

その体験をもとに昭和期の日本を支えた幾千万人もの繊維女子労働者に向けられていた“女工哀史”観の偏見性を批判し、彼女らの仕事と暮らしの実像を描いた『**にっぽん糸姫織姫《いとひめおりひめ》ものがたり**』（800頁）を上梓した。晩年は岡山県赤磐市に在住。

新★神話

2023年1月17日　第1刷発行

著　者　かなだ よしろう

発行者　太田宏司郎
発行所　株式会社パレード
大阪本社　〒530-0021　大阪府大阪市北区浮田1-1-8
TEL 06-6485-0766　FAX 06-6485-0767
東京支社　〒151-0051　東京都渋谷区千駄ヶ谷2-10-7
TEL 03-5413-3285　FAX 03-5413-3286
https://books.parade.co.jp
発売元　株式会社星雲社（共同出版社・流通責任出版社）
〒112-0005　東京都文京区水道1-3-30
TEL 03-3868-3275　FAX 03-3868-6588
印刷所　創栄図書印刷株式会社

ISBN 978-4-434-31211-3　C0014